AF359232

REQUESTE

DE DEUX ACTRICES

D'OPERA

A

MOMUS

AVEC SON ORDONNANCE.

REQUESTE

·DE DEUX ACTRICES

D'OPERA

A

MOMUS

AVEC SON ORDONNANCE.

A LA HAYE.

M. DCC. XLIII.

REQUESTE

Présentée à Momus par les De-
moiselles Coupée & Desgranges,
Actrices de l'Opera, tant pour
elles que pour celles de leurs
Compagnes qui se trouvent dans
le cas de l'Article XX. du Code
Lyrique, ou Reglement pour
l'Opera, imprimé au mois de
Juin 1743.

U Monarque de la Calotte,
Folâtre Dieu, porte-marotte,
Qui pour l'honneur du Ré-
giment
Veut que tout se passe dans l'ordre,

A ij

Et qui corrige tout désordre
Par l'effort de son jugement.

Remontrent sérieusement
Marton Coupée, Alix Desgranges,
Qui n'ont jamais aimé le change :
Qu'au Magazin de l'Opera,
Tandis qu'en secret l'on publie,
Le *Reglement* qu'aprouvera,
La Déesse de l'Harmonie,
Que sans doute on affichera,
Dans le Temple de Polymnie,
Que même on réimprimera,
Sans consulter *l'heureux génie*;
Qui sur votre *plan* composa,
Tous les *articles* qu'il dressa,
Dans un des *bosquets* de Cythere;
Où sous les habits de V......
L'Amour dormoit profondément :
Entre *Melpomene & Thalie,*
Près de la *sçavante Emilie,*
Qui dans les bras de son Amant;

Admiroit cette *Tragédie* (a)
Dans les *Colleges* applaudie ;
Que les *Comediens François*,
Comptoient jouer au moins *vingt fois*,
Qui quoiqu'aux *flambeaux répétée*,
Ne fera point repréfentée.

Pour obferver le Reglement,
Dont à *titre de Préfidente*, (b)
Dans une attitude plaifante,
Chez *Plutus* avec l'enjouement,
Qui dans les repas l'accompagne,
Cartou d'un ton myfterieux,

(a) *Jule Cefar*, Tragédie du fieur de V..... qui a été repréfentée dans differens Colleges : il vouloit la faire jouer par les Comédiens François. La derniere Répétition en a été faite lundi 10. Juin 1743. à minuit ; mais des raifons particulieres l'ont obligé de la retirer & de quitter Paris, &c.

(b) Par l'Article XXXVI. du Reglement, la Demoifelle Cartou eft nommée Préfidente du *premier Tribunal ou Chambre des Foyers*, établie par l'Article XXXV.

En fablant alors le Champagne,
Pour contenter les curieux :
Leur fit hautement la lecture,
En y joignant une avanture,
Par forme d'obfervation ;
Et qui dans cette conjonƈure,
Servit d'interprétation,
Aux *Articles* quatorze & feize : (c)
A votre *Divinité* plaife,
Ordonner l'exécution
Du *Reglement*, fans caution ;
Qu'en conféquence & fous referve ;
Comme ce grand Code l'obferve,
D'en payer *l'expédition* ; (d)

(c) L'Article XIV. défend expreffément
tous les enlevemens, quoique volontaires :
ordonne que les filles enlevées feront réin-
tégrées à l'Opéra comme chofes publiques
& inaliénables, &c.

L'Article XI. ordonne qu'il fera délivré
des Lettres d'abfence aux Aƈrices qui feront dans le cas de l'Article XX. *Voyez ces
deux Articles.*

(d) *Voulons que par forme de compenfa-*

Votre *Divinité* puissante
Pour les Actrices *bienfaisantes* ,
Sans aucune distinction
Nous fasse délivrer en forme ,
Après avoir passé sous l'*orme* ,
Qu'à cet effet on plantera ,
A la porte de l'Opera ;
Tous les ans des *Lettres d'absence* ,
Offrant sur nos appointemens ,
De payer un *droit de présence* ,
A celles qui n'ont point d'Amans.
Qui de *Cleron* imitatrices ,
En se livrant à leurs caprices ,
Nous remplacent par leurs talens ,
Sans s'enrichir à nos dépens.

•Ayant égard à la Requête
Que nous osons vous adresser

tion il soit retenu sur leurs appointemens une certaine somme pour l'expédition des Lettres d'absence qui leur seront délivrées pour un tems prefix , &c. Art. XVI. du Reglement.

Sans craindre de vous offenfer,
Puifqu'en fecret *Carton* s'aprête,
Et fe propofe dans le mois,
De préfenter auffi la *fienne*,
Pour *Actrice Parifienne*, (e)
En la confervant dans fes droits;
Attendu notre *circonftance*,
Nous efperons qu'en conféquence,
Et fur le rapport de *Soumain*, (f)

(e) Une jeune Actrice très-connuë dans Paris, mais que nous avons intérêt de ne pas nommer, fe trouvant dans le cas de l'Article XXIII. du Reglement à l'occafion d'un Marquis que l'on a fait mettre à Saint Lazarre, pour empêcher qu'il ne multiplie les dettes qu'il faifoit tous les jours. Cette Veuve anonime fçachant que les parens de fon Amant captif voulant employer l'autorité pour lui faire reftituer plufieurs bijoux de prix, que la mére du jeune Marquis reclame, a eu recours à Mademoifelle Cartou, qui l'a prife fous fa protection; & l'on dit qu'en fon nom un Abbé doit prefenter Requête à Momus, pour demander l'exécution de l'Article XXIII. de fon Reglement.
 (f) Voyez les Articles 16. 17. 18. 19.

Que l'on dit être bon humain ;
Votre *Chancelier* ordinaire,
En lui payant son *honoraire*,
Sans délai nous délivrera :
Lettres d'absence qu'il fera,
Imprimer par votre *Libraire* ;
Qui sans bruit les débitera,
Au *Parterre* de l'Opera ;
Gratifiera d'un *Exemplaire*,
Celles qui nous remplaceront,
Dans les *Rolles* qu'elles joueront,
Lorsqu'elles en seront *requises*.
Et pour éviter les *surprises*
Qu'on pourroit faire en pareil cas,
Attendu qu'on ne manque pas,
De frauder les *droits* des absentes ;
Sur-tout des *Actrices dansantes*.

20. & 21. l'Article XIX. *commet* pour seul
& unique *Accoucheur* le sieur *Soumain*. Par
l'Article XX. Il est dit que *sur son rapport*
il sera surcis si besoin est aux exercices de la
Requerante.

A vj

Il vous plaife, en conformité,

De ce qui vient d'être arrêté,

Entre les *Magiftrats femelles* (g)

Que pour décider nos *querelles*,

Et les juger *fommairement* ,

Vous nommés par le *Reglement* ,

Faire *défeufe* à toute Actrice

Qui fera pour nous *l'exercice* ,

De nous *enlever* nos Amians ,

En voulant nous rendre fervice ;

Vû que furs nos *apointemens* ,

(g) Il eft dit par l'Article XXXVI. du Reglement, que pour plus grande expédition & retrancher , autant qu'il fera poffible, toutes fuperfluités ou longueurs dans les rapports & les opinions , les *Magiftrats femelles* créés & nommés par cet article , tiendront l'Audience , & jugeront fans fiéger & debout.

L'Article XXXV. établit une jurifdiction compofée de deux Tribunaux , l'un fubalterne , pour juger les Caufes fommaires , l'autre Souverain pour les Caufes majeures où refforuront les appels émanés du premier.

Mais fans nous porter préjudice ,
Nous *confentons* avec plaifir ,
Qu'en leur donnant la préférence,
Momus leur faffe *délivrance* ,
De ce qu'il leur plaira *choifir* ,
Soit en *Bijoux* , foit en *efpece* ,
En leur faifant *défenfe expreffe* ,
d'introduire ou de *recevoir* ,
Nos Amans qui voudront les voir
A la *toilette* ou *dans leurs loges* , (h)
Qui leur prodiguant des éloges
Qu'elles ne meriteroient pas ,
Rendroient hommage a leurs appas ,
Qui *chercheroient* à les *furprendre* ,
En leur promettant des *Bijoux* ,

(h) Conformément à l'Article XXVIII.
du Reglement , par lequel il eft défendu aux
*Attrices d'introduire ou de laiffer entrer dans
leurs loges , notamment pendant leur Toilette ,
tous fuppôts de fpectacles de quelques rangs
& qualités qu'ils foient , autres que les Pa-
trons , Bienfaicteurs & Commençaux de l'O-
pera* , &c.

Qu'ils auroient *achetés* pour *nous* ;
Et comme elles pourroient se *rendre*
Il vous *plaise* aussi leur *défendre*
De recevoir aucunement,
Et sans notre *consentement*,
Boëtes à mouche, *tabatieres*,
Souliers brodés, *boucles*, *jarretieres*. (i)
Sous peine de punition
Même de confiscation

(i) On dit que la Demoiselle Coupée, qui s'est déja trouvée dans le cas de l'Article XX. du Reglement, a reproché plus d'une fois à celle qui la remplace ordinairement, les dépenses qu'elle a occasionnées à son Amant, pour la dédommager des complaisances qu'elle a eu pour lui pendant l'indisposition de la Demoiselle Coupée. Les suites fâcheuses qui en ont résulté, pourroient servir de supplément aux éclaircissemens historiques que l'on a joints au Reglement pour l'intelligence de quelques articles qui auroient encore besoin d'un Commentaire. Mais c'est une anecdote qui aura sa place, & qu'on se réserve à faire valoir dans un autre tems.

Au profit des *jeunes novices*,
Qui n'ont d'autre *protection*,
Que *celle* de *quelque Actrices*,
Et qui toujours en *Action*,
Ne demandent qu'à *satisfaire*,
Et *Réveiller* la *passion*,
De *ceux* qui par *occasion*,
Trouvant *en elles* l'*art* de *plaire*,
Ne *consultent* que leurs *desirs*,
Et profitant de leurs *loisirs*,
En payant la *taxe ordinaire*
Prennent *la route* des plaisirs,
Et s'embarquant dans la *galere*,
Qui même à l'Isle de Cythere,
Joüant toujours, sans gagner rien,
Quoique ménacés de l'orage,
Abordent sans aucun naufrage ;
Faisant ainsi, vous feriez bien.

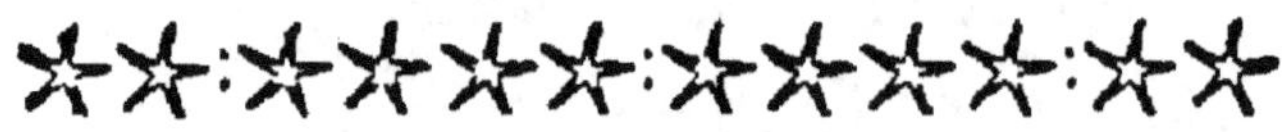

ORDONNANCE

DE

MOMUS

SUR LA REQUESTE
CI-DESSUS.

Avant faire droit sur le tout ;
après avoir ouï *Cartou* ,
Sur quelques faits de la Rêquête ,
Voulons que pour les éclaircir ,
Elle faſſe faire une enquête ,
Et lui permettons de choiſir ,
A cet effet tel Commiſſaire ,
D'entre ceux qui lui font la cour
Et font la *police ordinaire* ,
Dans les *domaines* de l'amour.

Permettons par cette Ordonnance,
Mais sans tirer à conséquence,
A chaque Actrice qui sera,
Dans le cas de devenir mere (a)
De *s'absenter* de l'Opera;
Bien entendu qu'elle fera,
Sa *déclaration* (b) sincere,
Devant qui bon lui semblera;
Qu'après avoir *nommé le pere*,
A ses frais on élevera,
L'enfant dont elle accouchera.

Ayant égard aux circonstances,
Et pour répondre aux remontrances,
D'une Actrice dont les appas,
En Province ont fait du fracas; (c)
Nous ordonnons que dans quinzaine,
Notre Régiment Calotin,
Admis par Comus au festin,

(a) Voyez l'Article XVI. du Réglement.
(b) Voyez l'Article XX. *idem.*
(c) Voyez la premiere partie de l'histoire
de Mademoiselle Cronel, dite *Fretillon.*

qu'il doit nous donner à Vincnne,
Au jour indiqué s'y rendra,
Et dans le bois s'affemblera,
Ainfi que toutes les Aĉtrices,
Que nous ayons publiquement,
Nommées dans les *charges*, *Offices*,
Crées par notre *Reglement*.

Ordonnons qu'au deux *Requerantes*,
En perfonne alors comparantes,
Sous les aufpices de *Soumain*;
(Qui leur préfentera la main
Pour defcendre de l'*Equipage*
Que fous la figûre *d'un Page*,
Plutus lui-même conduira,
Qui fans doute fe chargera,
De payer les frais de la Fête,
Qu'en fon honneur on donnera.)
Qui liront deux fois la *Requête*
Et *Déclareront leur état*,
On délivre un Certificat,
En forme de *lettre d'abfence*.

Dont Plutus en notre préfence,
Pour elles par provifion,
Nous payera l'expédition ;
Et quand aux *défenfes* Requifes ,
Pour éviter toutes furprifes,
Nous ordonnons qu'à cet égard ,
Sans aucun délai ni retard ,
Notre *Reglement* s'exécute ;
Que s'il furvient quelque difpute ,
Sur l'avis de nos *Officiers* ,
Et dans *la Chambre des Foyers* ,
Par le Reglement établie,
Où la *Catou* préfidera
Le jugement qu'elle rendra ,
Scellé du fceau de la Folie ,
Sans appel s'exécutera.

Fait par le Dieu Porte-Marotte,
Nous Monarque de la Calote ,
Protecteur des jeux & des ris :
Le jour que l'Auteur de *Merope* ,

Incognito quitta Paris ,

Et toujours *errant dans l'Europe* ;

Sur l'avis de sa *Penelope* ,

Pour des raisons qu'on ne dit pas

Et qu'on doit taire en pareil cas ,

Avec *Jule Céfar* gallope ,

Chez ce *Souverain* (d.) qu'Apollon,

Favorife au facré vallon ,

Lorfqu'il veut bien fuivre les traces ,

Des *Pindares* , & des *Horaces* ,

Pour répondre aux fublimes Vers , (e)

Qu'en fuivant fa noble manie ,

Lui rima ce vafte génie :

Trait notoire à tout l'Univers ,

Méritant bien qu'on l'éternife ,

Et que ce fidele allié ,

Sans que fon rang s'en formalife .

(d) On dit que M. de V . . . . . s'eft retiré auprès du Roi de P . . . . .

(e) Voyez l'Ode adreffée au Roi de P . . . . . par le fieur de V . . . . . & la réponfe que ce Prince lui a faite.

Par Momus soit gratifié
D'un brevet d'une touche exquise
Qui sera dûment envoyé
Par Vienne en une Valise,
Dont V...., se chargera ;
Qu'à nos armes on marquera ;
Pour en assurer la Remise.